DEBUT D **`YE SERIE DE DOCUMENTS`**
EN COULEUR

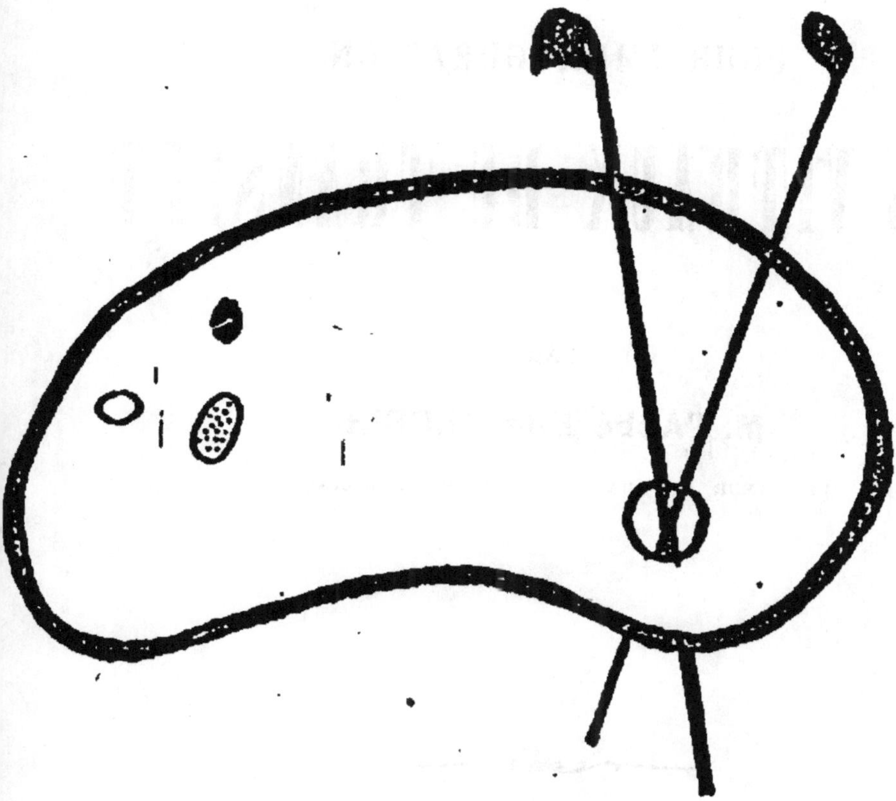

DISCOURS

PRONONCÉ DANS L'ÉGLISE DE SAINT-FERJEUX

POUR L'INAUGURATION

DES VITRAUX DU TRANSEPT

PAR

M. l'Abbé Elie PERRIN

DIRECTEUR AU GRAND SÉMINAIRE DE BESANÇON

BESANÇON

IMPRIMERIE ET LITHOGRAPHIE DE PAUL JACQUIN

1896

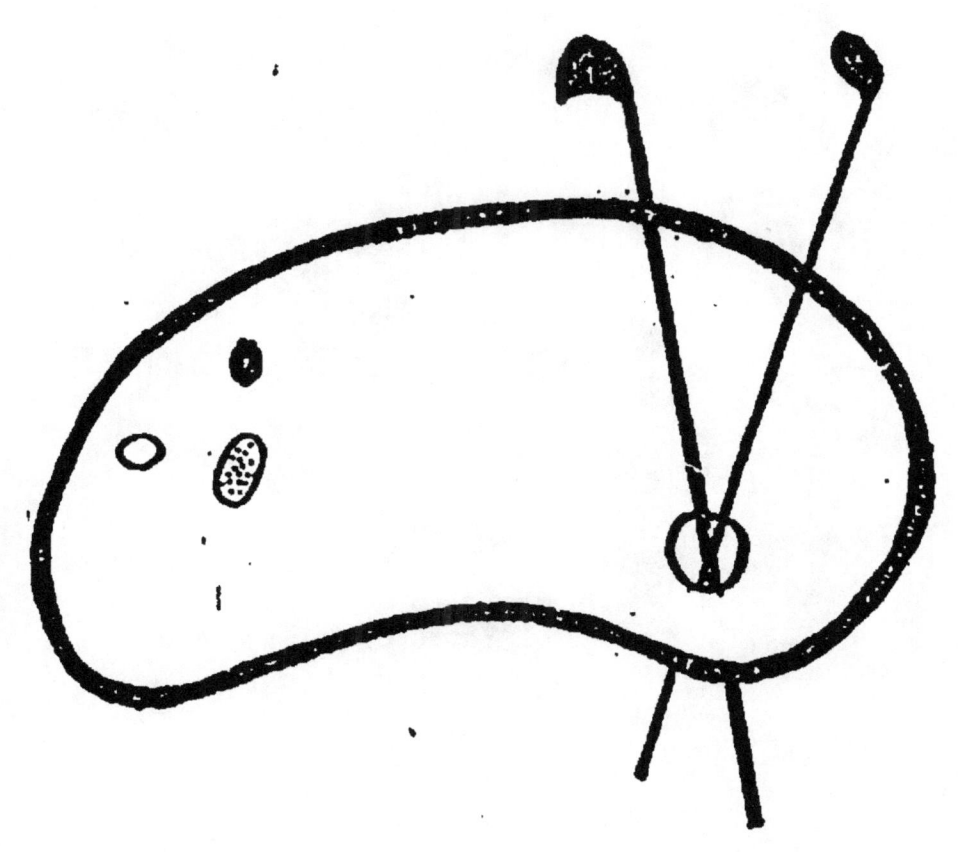

FIN D'UNE SERIE DE DOCUMENTS EN COULEUR

DISCOURS

PRONONCÉ DANS L'ÉGLISE DE SAINT-FERJEUX

POUR L'INAUGURATION

DES VITRAUX DU TRANSEPT

PAR

M. l'Abbé Elie PERRIN

DIRECTEUR AU GRAND SÉMINAIRE DE BESANÇON

BESANÇON

IMPRIMERIE ET LITHOGRAPHIE DE PAUL JACQUIN

1896

DISCOURS

PRONONCÉ DANS L'ÉGLISE DE SAINT-FERJEUX

POUR

L'INAUGURATION DES VITRAUX DU TRANSEPT

Dulce lumen et delectabile est oculis.
La lumière est douce et délicieuse à l'œil.

(Eccle., XI.)

Mes frères,

En vous voyant aujourd'hui dans ce beau sanctuaire, ma pensée se reporte à l'époque mémorable où les chrétiens nos pères, abandonnant les catacombes obscures et les lieux secrets qui leur avaient servi de refuge durant la persécution, se pressèrent en foule, libres enfin, dans les basiliques élevées avec le concours des princes et des peuples. Les chroniques ont fait parvenir jusqu'à nous quelques échos de l'allégresse dont tressaillaient les assemblées chrétiennes, quand, pour la première fois, elles se réunirent dans des palais de marbre et d'or consacrés au vrai Dieu. Elles répétaient avec un pieux enthousiasme cette fameuse parole que vous pourriez lire sur le socle de l'obélisque qui se dresse à Rome, au centre de l'immense place Saint-Pierre : « *Christus vincit, Christus regnat, Christus imperat.* » Le Christ triomphe, le Christ règne, le Christ commande. Elles étaient fières de l'hommage public et solennel rendu au Crucifié. Elles étaient heureuses de se prosterner devant son image à la face du ciel et de la terre.

Si je ne me trompe, il y a dans vos âmes aujourd'hui, mes frères, quelque chose des sentiments dont j'évoque le souvenir. Vous qui n'avez eu, longtemps, pour église que le pauvre monument dont celui-ci occupe la place, n'éprouvez-vous pas une légitime fierté en prenant possession de cette merveille architecturale qui sera désormais votre église ?

Et vous, qui, pendant de longs mois, avez dû vous réfugier, pour les pratiques du culte, dans cette crypte belle sans doute, mais obscure et froide comme toutes les cryptes, ne vous semble-t-il pas que vous sortiez des catacombes pour entrer dans le palais d'un roi? Et si je lis sur vos visages cette expression de joie, cet air épanoui que donne le sentiment de la liberté reconquise, je ne m'en étonne pas. Je me réjouis plutôt avec vous des événements qui s'accomplissent sous nos yeux, je salue avec vous l'ère dans laquelle nous entrons, et je bénis Dieu et les hommes d'avoir mené à bien la rude et presque téméraire entreprise dont le succès honore également la piété et la générosité des Franc-Comtois.

Vous connaissiez déjà les grandes lignes de ce beau sanctuaire. Ce qui est nouveau pour vous et ce qui attire en ce moment vos regards, ce sont ces verrières nouvellement installées, ces larges espaces, aux couleurs vives et harmonieuses, par où la lumière se répand dans cette enceinte, et vient projeter sur les diverses parties de l'édifice des teintes variées, nuancées, délicates, qui éclairent sans éblouir et brillent sans fatiguer le regard. Oui, vraiment, il nous est donné de goûter la parole de l'auteur sacré que je traduisais tout à l'heure : C'est une chose douce et délicieuse que la lumière. *Dulce lumen et delectabile est.* Et si vous le voulez bien, c'est de la lumière que je vous parlerai aujourd'hui, j'entends la lumière qui rayonne de ces splendides vitraux, dont je voudrais vous montrer qu'ils sont un hommage rendu à Dieu et une leçon enseignée aux fidèles.

I.

Notre divin Maître, aux jours de sa vie mortelle, aima la pauvreté et poussa si loin le détachement des choses terrestres, qu'il n'eut pas même un lieu où reposer sa tête. Pauvre et ami des pauvres, il jetait des malédictions au luxe et à la richesse, parce qu'il voyait en ces choses un redoutable obstacle à l'avènement du royaume de Dieu.

Mais ce luxe, cette richesse que, vivant, il dédaigna toujours, il les acceptait, que dis-je? il les réclamait pour le culte qui lui serait rendu après sa mort, dans sa survivance sacramentelle. Lorsqu'un jour il dînait chez Simon le lépreux, une femme, pécheresse convertie, vint répandre sur sa tête un vase de parfums précieux. Comme quelques-uns murmuraient et disaient : « A quoi bon une telle profusion? avec cette somme on eût pu soulager bien des pauvres, » Jésus prit la défense de la femme, et déclara qu'elle avait agi sagement, parce qu'elle honorait ainsi d'avance sa sépulture prochaine.

Or, mes frères, cette sépulture de Notre-Seigneur, elle s'accomplit tous les jours sur nos autels catholiques, et l'Eglise entend l'honorer en prodiguant au corps adorable de son Dieu tous les respects, tous les hommages, toute la somptuosité dont elle peut disposer.

Elle se souvient que, pour l'institution de l'auguste sacrifice eucharistique, le Maître voulut une salle grandiose et parée, *cœnaculum grande, stratum*, et elle se dit avec raison que sans doute son divin Epoux lui marquait par ce choix sa volonté expresse d'avoir plus tard des temples vastes et magnifiques, *cœnaculum grande, stratum*.

Aussi, voyez ce que firent les chrétiens pour réaliser ces indications providentielles. Pendant les siècles de persécution, ne pouvant élever au grand jour des temples dignes de Dieu, réduits à offrir le sacrifice non sanglant dans des lieux souterrains et inconnus des profanes, du moins eurent-ils soin de décorer ces sanctuaires provisoires aussi somptueusement que le permettaient les circonstances.

Allez à Rome, descendez dans les catacombes, vous y verrez, d'espace en espace, des excavations taillées dans le tuf en forme de chapelle. Les parois en sont revêtues de marbres, de stucs, de bas-reliefs, de peintures, qui nous attestent, après dix-sept ou dix-huit siècles, que l'Eglise a toujours voulu entourer de splendeur le culte du vrai Dieu.

Mais la persécution ne pouvait durer toujours. L'heure de la liberté sonna enfin pour la religion chrétienne.

Or, savez-vous, mes frères, quel fut le premier usage que le christianisme fit de sa liberté? Il bâtit de toutes parts des églises. Il les bâtit grandes, riches, somptueuses. Les marbres les plus beaux, l'or, les pierres précieuses, la peinture, la sculpture, tout fut mis à contribution pour l'embellissement de la maison de Dieu. Et, de génération en génération, on vit les architectes chrétiens s'évertuer à créer des chefs-d'œuvre, chercher des formes nouvelles, faire grand et faire beau, marcher de progrès en progrès jusqu'à la construction de ces incomparables églises romanes et ogivales qui, aux beaux siècles du moyen âge, couvrirent comme d'une blanche robe, — c'est l'expression d'un chroniqueur, — le sol de la France entière.

Toutefois, une difficulté se dressa longtemps devant les maîtres d'œuvre à qui les moines ou les évêques confiaient l'édification des églises. Il fallait que la lumière pénétrât dans l'intérieur des nefs : il fallait donc aussi ménager, dans les murs extérieurs, des ouvertures pour livrer passage aux rayons du soleil. Mais la lumière, traversant des espaces vides ou des verres incolores, semblait à ces hommes, — artistes d'un goût si sûr et d'un sens si chrétien, — la lumière, dis-je, laissée à elle-même, semblait jeter çà et là, dans le temple, un éclat trop intense, trop cru, presque brutal, et enlever au sanctuaire catholique quelque chose de son mystérieux recueillement.

Longtemps nos artistes se demandèrent s'il n'y aurait pas quelque moyen de remédier à ce défaut.

Quel fut l'inventeur heureux, qui, le premier, réussit à faire sortir de la fournaise des verres à la fois translucides et colorés?

Quel est l'artiste qui, le premier, remplit les baies des fenêtres du temple de ces verrières aux mille nuances qui décomposent le rayon solaire, l'adoucissent, le divisent, introduisent dans le sanctuaire un concert de couleurs harmonieuses et forcent, pour ainsi dire, l'astre du jour à chanter, du matin au soir, un hymne infiniment varié devant le tabernacle eucharistique?

L'homme qui découvrit l'art du vitrail n'a point confié son nom à la postérité. Il était de ces humbles ouvriers qui travaillaient sous le regard de Dieu, n'attendant que de lui leur récompense, et craignant que la gloire humaine, en s'attachant à leur mémoire, ne déflorât leur couronne éternelle.

O temps tout animés du souffle évangélique, où l'homme s'effaçait devant Dieu sans arrière-pensée, où l'artiste se cachait derrière le chrétien, où des chefs-d'œuvre que les siècles ne cesseront d'admirer ne portaient d'autre signature que celle de l'esprit surnaturel qui les avait inspirés!

Quoi qu'il en soit, le premier assemblage de verres peints placé aux fenêtres d'une église excita l'admiration générale : de toutes parts on réclama, pour la décoration du saint lieu, de ces tableaux aux magiques couleurs. Les ateliers de peintres verriers se multiplièrent comme par enchantement. Cet art nouveau, découvert au xe ou au xie siècle, fit de si rapides et si sûrs progrès, que, moins de cent ans après sa naissance, il avait atteint le dernier degré de la perfection, et que les artistes, non contents d'égayer l'œil et de recueillir l'esprit par l'éclat et l'heureux agencement des teintes, transportèrent sur leurs vitraux les scènes les plus touchantes de l'histoire sacrée, de la vie des saints et des luttes de l'Église.

Et tel sera désormais l'attrait de cette merveilleuse peinture que les architectes, quand ils construiront des églises, ménageront aux verrières d'immenses espaces, réduiront les parties pleines des murs à n'être plus, pour ainsi dire, que le cadre des fenêtres, et transformeront les édifices sacrés en des palais de cristal rouge, bleu, vert, doré, où la lumière scintillera à travers mille personnages qui sembleront réunis là, dans leurs féeriques costumes, pour psalmodier un incessant cantique à la gloire du Seigneur.

Honneur donc au génie chrétien, mes frères! Il a trouvé, pour traduire l'idéal de beauté de l'âme religieuse, il a trouvé des accents et inventé des moyens que toute l'antiquité grecque et romaine ne sut point découvrir! Il a bâti pour le vrai Dieu des temples dont la splendeur éclipse les plus somptueux édifices de Rome et d'Athènes. Il a affirmé le triomphe du Christ, non seulement par la transformation des idées et des mœurs, par l'abolition de l'ignorance, de la superstition et du mensonge, mais encore et surtout par l'incomparable progrès qu'il a fait réaliser à l'art de construire et d'orner la demeure de son Dieu!

Dès lors que l'on voulait doter votre paroisse, mes frères, d'une église magnifique, il fallait songer à l'orner de vitraux resplendissants; et l'éminent architecte qui a tracé le plan de ce bel édifice n'eut garde d'oublier ce qui en est le complément indispensable. Or il s'est trouvé qu'une âme généreuse a compris l'urgence de cette installation; il s'est trouvé aussi — par un hasard providentiel — qu'un artiste verrier de haut mérite s'est passionné pour la réalisation de nos désirs; il s'est trouvé enfin qu'un prêtre au grand cœur et à l'âme ardente a juré de ne point se reposer qu'il n'eût vu le transept de son église achevé et les vitraux placés dans les fenêtres. Et c'est par l'effet de tous ces concours réunis, de toutes ces bonnes volontés travaillant de concert, de toutes ces circonstances conspirant ensemble pour la réussite du projet, que vous voyez là-haut ces gracieux tableaux de verre, ces puissantes colorations, ces jeux de lumière, cet éclatant décor, ce poème enfin, ce poème sacré qui sollicite votre attention et que je vais essayer d'interpréter devant vous.

II.

Le premier objet que se proposèrent les inventeurs du vitrail était assurément d'éclairer l'intérieur des églises d'une lumière à la fois douce et forte, abondante et délicate, agréable à l'œil et reposante, recueillante, si j'ose dire, et toute mystérieuse, comme les cérémonies du culte et les chants liturgiques.

Pour atteindre ce but, il suffisait de choisir avec goût et de disposer harmonieusement les couleurs, généralement simples, qui sont familières aux verriers. Mais bien vite on s'aperçut que le vitrail pouvait rendre à l'art religieux un service nouveau, matériellement subordonné à l'autre, mais plus important, plus remarqué : il n'est pas impossible, en effet, de combiner la diversité des tons de la gamme des couleurs avec le dessin de scènes religieuses qui constituent à la fois un spectacle pour les yeux et un enseignement pour l'esprit.

Idée féconde dont le moyen âge sut tirer un si heureux parti que nos modernes artistes, pour bien faire, s'efforcent d'imiter leurs ancêtres du xiie et du xiiie siècle, et croient avoir touché à la perfection quand ils ont reproduit, sinon les modèles antiques, du moins la manière de les rendre.

Avez-vous visité nos vieilles cathédrales, celles du moins qui ont gardé leurs vitraux primitifs, les cathédrales de Bourges, par exemple, ou de Chartres, ou la Sainte-Chapelle du palais ? Avez-vous vu ces peintures demeurées fraîches après cinq ou six siècles, ravissantes d'éclat et si éloquentes dans leur muet langage ? L'histoire religieuse de la France et du monde s'y déroule sous les regards étonnés et ravis du spectateur. Vous avez là ce qu'on a si justement nommé la bible du peuple, le livre de chacun et de tous, livre qu'on lit sans fatigue et qu'on interprète sans effort, livre qui charme les savants et qui instruit les simples, livre toujours ouvert et qui parle spontanément, comme l'antique statue de Memnon, dès qu'un rayon de soleil vient en effleurer les pages indestructibles.

Il est raconté qu'un des plus grands capitaines des armées chrétiennes, Godefroi de Bouillon, pour se remettre des fatigues de la guerre et des émotions du combat, ne connaissait pas de plaisir plus doux que d'aller dans les églises contempler longuement les peintures des vitraux, et que, quand l'armée des Croisés fut invitée à choisir un roi de Jérusalem, comme on discutait les mérites des candidats, le seul reproche qu'on put adresser au chef de la croisade fut précisément cette passion pour les belles verrières et le temps qu'il perdait à les regarder. Le reproche était trop honorable pour avoir des conséquences fâcheuses, et le héros chrétien fut, sans conteste, élu premier roi du nouveau royaume de Jérusalem.

Mes frères, les hommes à qui sont confiées les destinées de la construction et de l'ornementation de votre église ont pensé qu'il serait bon de s'inspirer ici des traditions anciennes, d'unir à la magie des couleurs l'expression de la pensée et de fixer sur le verre les plus belles pages de notre histoire religieuse et nationale.

Nous applaudissons de tout cœur à leur intelligente initiative. Vous voyez, dans les roses de gauche et de droite, ces vingt-quatre armoiries représentant les principaux foyers de la vie franc-comtoise dans le passé ou dans le présent ?

Pourquoi les a-t-on placées là, ces armoiries, et que veulent-elles nous dire ? Ah ! mes frères, elles sont là pour témoigner de notre patriotisme provincial, et raconter à nos arrière-neveux l'histoire de ce pieux monument.

Quand, il y a vingt-cinq ans, effrayé des périls que couraient, devant l'invasion prussienne, notre ville et notre province, le cardinal Mathieu, d'illustre et sainte mémoire, se réfugia sous l'égide des saints apôtres de la Séquanie, Ferréol et Ferjeux, et fit vœu d'élever sur leur tombeau un somptueux édifice, la province entière approuva son pieux dessein. Et lorsque, plus tard, Mgr Paulinier commença les travaux et sollicita pour l'œuvre le concours de ses diocésains, de tous les points du diocèse on envoya, chacun selon ses ressources, la pièce d'or ou le petit sou qui devaient aider à l'édification de la basilique. Et depuis lors, chaque année, la quête recommence, et chaque année nos fidèles chrétiens donnent leur obole à la sainte entreprise. Et chaque année, désormais jusqu'à l'achèvement, ils viendront au secours de cette chère église. Oh ! dites-moi, mes frères, ne fallait-il pas que cela fût écrit quelque part dans ce sanctuaire, écrit en lettres d'or, écrit en traits de flamme, et que les yeux du visiteur ou du pèlerin fussent, en quelque sorte, fascinés par l'éclat de ce tableau d'histoire, et que chacun comprît, en pénétrant dans cette enceinte, qu'ici est le centre religieux d'une province profondément chrétienne, où l'affirmation de la foi s'unit sans violence à l'expression du plus pur patriotisme ?

Au surplus, notre attachement à la province natale n'exclut point, tant s'en faut, notre fidélité à la grande patrie française ; et le peintre verrier a traduit ce double sentiment en faisant rayonner les écussons franc-comtois autour de la belle figure du plus saint et du plus français des rois de France, saint Louis, comme pour dire en langage populaire ce que nous sommes et ce que nous voulons être : catholiques et Comtois, et Français toujours.

Toute l'histoire de notre province proclame l'étroite union du patriotisme et de la religion. Et qui donc a fait la patrie comtoise et la patrie française, sinon l'Eglise représentée par son clergé et par ses moines ? C'est un historien protestant, et anglais par surcroît, double caractère qui garantit son impartialité dans le cas présent, c'est Gibbon qui a résumé en une courte phrase la formation de la nationalité française par l'action immédiate du christianisme.

« Les évêques et les moines, a-t-il dit, ont fait la France comme les abeilles font la ruche. »

Et je dirai, moi aussi, que les évêques et les moines ont fait la Franche-Comté comme les abeilles font la ruche.

L'histoire de notre vieille cité bisontine se confond longtemps avec l'histoire de nos archevêques, dont beaucoup furent des saints, dont plusieurs furent des hommes de génie.

Notre sol comtois a été défriché dans sa plus grande partie par les moines de Luxeuil et de Saint-Claude, dont les colonies s'en allaient, dans toutes les directions, féconder la solitude et faire fleurir le désert.

De là, chez nous, malgré les malheurs des temps, une fidélité inébranlable à la vieille foi catholique. De là, chez nous, cette résistance obstinée aux entreprises de l'erreur et du schisme. De là, pendant la grande tempête révolutionnaire, cette persévérance invincible dans la vieille croyance. De là, enfin, à notre époque, ce fonds toujours vivant de traditions chrétiennes qui, par instants, peuvent bien s'assoupir, mais que le moindre choc suffit à réveiller.

Il convenait que cela aussi fût écrit dans ce temple, centre et symbole de la solidarité comtoise et chrétienne. Et le voilà écrit en caractères ineffaçables dans ces trente médaillons qui remplissent les baies de nos fenêtres. Oui, les voilà, saluons-les, mes frères, ces évêques et ces moines qui furent, aux temps anciens, les pionniers de la civilisation dans cette province et qui, du haut du ciel, sont aujourd'hui vos protecteurs.

Ils sont venus, jadis, se prosterner devant les cendres de nos glorieux apôtres Ferréol et Ferjeux, il était juste que leur souvenir fût immortalisé dans cette église par le pinceau du peintre et s'imposât à l'admiration et à la gratitude de tous les Franc-Comtois.

Que de leçons dans ces panneaux de verre ! Tout un passé glorieux s'y ranime sous vos yeux, tout un religieux enseignement descend du ciel sur vous à travers ces limpides verrières. Car enfin, que nous veulent les phalanges de saints personnages qui nous contemplent de là-haut ? Que nous disent ces visages ascétiques, ces yeux illuminés d'un tout céleste éclat, ces âmes qui transparaissent à travers leur léger vêtement de chair ? Ah ! mes frères, tout vous crie de là-haut que votre titre de chrétien est votre vrai titre de gloire, qu'il n'y a pour l'homme ici-bas qu'une seule chose nécessaire, qu'aimer et servir Dieu et nos frères pour l'amour de Dieu est la seule ambition qui soit digne d'une âme immortelle. Non, non, il ne faut pas marcher le front courbé vers la terre. Non, non, il ne sera point dit que nous aurons abandonné le chemin ouvert devant nous par ceux qui furent nos instituteurs et nos pères dans le Christ, et que, vivant dans la terre des saints, nous y aurons vécu en profanes, sans respect du passé et sans crainte de l'avenir. Non, non, quand partout ailleurs les plus forts défailliraient dans la poursuite du bien et s'écarteraient des sentiers de l'honneur et du devoir, nous ne cesserons point, quant à nous, d'y marcher, malgré tout, et, ne nous laissant séduire ni par les exemples des corrompus, ni par les maximes des corrupteurs, à l'impiété triomphante qui osera nous dire : *Comtois, rends-toi*, nous répondrons par la négation traditionnelle : *Nenni, ma foi!*

Pardonnez-moi, mes frères, d'avoir trop longuement parlé de votre église. Mon excuse est d'abord dans la beauté même de l'édifice, ensuite dans l'intérêt que vous daignez prendre à tout ce qui s'y rapporte.

Laissez-moi vous dire seulement en terminant que tant de belles choses sont une invitation adressée à tous les chrétiens de cette paroisse. Qu'est-ce que la beauté du temple, si la foule des fidèles n'en forme le plus bel ornement ? Ce que nous avons bâti n'est ni un mausolée pour le décor du paysage ni un musée pour la curiosité des touristes, c'est une église, c'est-à-dire la maison de Dieu et la maison du peuple. Venez donc, peuple chrétien, venez ici aux jours que le Seigneur a marqués. Vous le devez à ce grand diocèse qui a si largement contribué à vous donner ce sanctuaire. Vous le devez à ces prêtres, vos curés d'hier et d'aujourd'hui, qui se sont dépensés et se dépensent comme vous le savez, de leur personne et de leur bourse, pour hâter l'achèvement de cet édifice.

Vous le devez, ai-je besoin de le dire, à la grande mémoire des saints Ferréol et Ferjeux, qui ont été jusqu'ici vos protecteurs et qui seront un jour, je l'espère, vos introducteurs dans ce palais éternel dont votre splendide église n'est qu'une image bien imparfaite. Ainsi soit-il.

BESANÇON — IMPR. PAUL JACQUIN

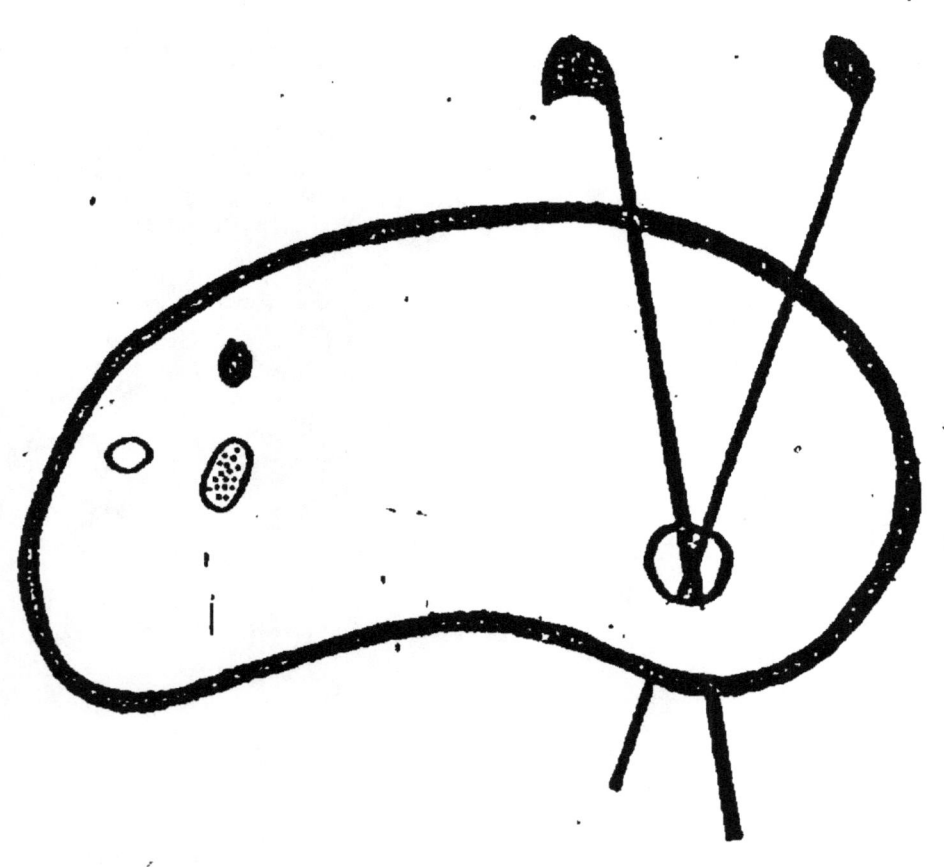

ORIGINAL EN COULEUR
N° Z 43-120-8

www.ingramcontent.com/pod-product-compliance
Lightning Source LLC
Chambersburg PA
CBHW071424060426
42450CB00009BA/1994